AF219141

Ludwigsburg

lieben lernen

*Der perfekte Reiseführer für einen unvergessli-
chen Aufenthalt in Ludwigsburg inkl. Insider-
Tipps, Tipps zum Geldsparen und Packliste*

Hanna Tempel

✈ INHALT

Das erwartet Sie in diesem Buch

Interessieren Sie sich für die Barockstadt und all ihre Besonderheiten? Dann haben Sie mit dem Kauf dieses Buches die richtige Entscheidung getroffen! In diesem Reiseführer lernen Sie Ludwigsburg in all seinen Facetten kennen – von der Entstehung über die besten Plätze und Restaurants bis hin zu den jährlichen Festen und Traditionen. Sie erfahren, was den Ort von anderen unterscheidet und weshalb er sich bei allen Altersklassen großer Beliebtheit erfreut.

Welche Plätze bieten sich bei schönem Wetter an und was ist bei kühlen Temperaturen zu empfehlen? Wo können Sie einen schönen Abend verbringen und welche historischen Attraktionen gibt es zu erkunden?

Lassen Sie sich überraschen, was Ihnen die Barockstadt zu bieten hat und lernen Sie die Sehenswürdigkeiten inklusive spannender Details kennen.

Natürlich werden Sie auch darüber informiert, wie Sie am besten nach Ludwigsburg gelangen und wie es um die Mobilität innerhalb der Gegend bestellt ist. Das gilt für die Fahrt sowohl mit dem Auto als auch mit den öffentlichen Verkehrsmitteln.

Ob Sie allein, gemeinsam mit Ihren Freunden oder der Familie einen Kurzurlaub planen – dieses Buch gibt Ihnen Tipps für die passende Unterkunft und Ideen, um den Tag interessant zu gestalten.

Sowohl Erwachsene als auch Kinder und Jugendliche werden an den aufgeführten Angeboten Gefallen finden. Der Reiseführer für alle, die mehr als nur einen groben Einblick in die attraktive Stadt gewinnen wollen.

Wie wurde Ludwigsburg gegründet?

Die Baden-Württemberger Kreisstadt lockt heute mit einer Fläche von 43,35 Quadratkilometern und den Teilorten Neckarweihingen, Hoheneck, Eglosheim, Grünbühl, Pflugfelden, Poppenweiler und Oßweil.

Sie wurde in der Zeit des Barocks gegründet. Zu verdanken ist das dem Herzog Eberhard Ludwig. 1704 ließ er ein kleines Schloss erbauen. An dieser

Stelle, außerhalb der alten Hauptstadt Stuttgart, stand zuvor ein niedergebrannter Hof. Ein Jahr später bekam das Schloss den Namen Ludwigsburg.

Ursprünglich hatte der Herzog nur einen Jagdsitz vorgesehen. Doch gegenüber dem alten Schloss, der Hauptresidenz in Stuttgart, bestand ein entscheidender Vorteil: In Ludwigsburg stach die Residenz deutlich mehr heraus. Dafür sorgten die breiten Straßen und der Schlosspark.

Aus diesem Grund wurde der Sitz immer weiter ausgebaut und glänzt heute als das größte und unzerstörte Barockschloss Deutschlands.

Doch da der Herzog sich damit nicht zufrieden gab, plante er die Rangerhöhung zum Kurfürsten.

Seine neue Position sollte mit dem Ausbau einer ganzen Stadt verdeutlicht werden.

Sein Vorhaben, sich zum Kurfürsten zu wandeln, scheiterte allerdings. Dennoch entstanden 1709 die ersten Wohngebäude um das Schloss. Der Aufbau fand nach einem festen Plan statt, den der Herzog vorgesehen hatte.

Ein Jahr verging, bis das Schloss erweitert und ergänzt wurde. Außerdem begann der Bau einer Gartenanlage.

Ab 1718 änderte sich eine Menge: Der Ort erhielt die Stadtrechte. Darüber hinaus galt nun Ludwigsburg anstelle von Stuttgart als herzogliche Residenz und Hauptstadt von Württemberg. Im Lauf der Zeit fand jedoch ein mehrfacher Wechsel statt, der schlussendlich dazu führte, dass die Stadt diesen Titel wieder verlor.

Doch die barocken Gebäude sind bis heute erhalten und wecken noch immer Erstaunen in vielen Gesichtern.

Alles wichtige für Ihre Reise

Sie planen einen Trip nach Ludwigsburg? Eine gute Wahl, die Sie sicher nicht bereuen werden! Denn neben der Tatsache, dass es sich um eine wunderschöne Barockstadt handelt, bietet der Ort noch deutlich mehr: Machen Sie sich gefasst auf unvergessliche Sehenswürdigkeiten, Attraktionen und Ausflugsziele für die ganze Familie. Ob Sie die Nacht zum Tag machen oder ihn lieber entspannt im Café oder Grünen verbringen wollen – hier wird immer etwas geboten. Aufregende Feste und

Traditionen, die jedes Jahr aufs Neue stattfinden, lassen Ihr Herz höherschlagen. Darüber hinaus erwartet Sie leckeres Essen, Wellness und Einkaufsmöglichkeiten für Groß und Klein.

Tauchen Sie ein in die lebendige Barockstadt mit all ihren Facetten.

DIE ANREISE

Der Ort bietet eine optimale Verkehrsanbindung und ist somit sehr gut zu erreichen.

Mit öffentlichen Verkehrsmitteln:
Zwischen dem Stuttgarter Flughafen und Ludwigsburg liegen rund 30 Kilometer. Hier verkehren die S-Bahn-Linien S2 oder S3 zum **Stuttgarter Hauptbahnhof.**

Von dort aus gelangen Sie mit der S4 oder S5 innerhalb von ca. 25 Minuten auf direktem Weg nach Ludwigsburg.

Mit dem Auto:
Ludwigsburg ist direkt mit der A81 verbunden, die über 2 Autobahnausfahrten verfügt.

Welche Sie bevorzugen sollten, hängt von der Richtung ab, aus der Sie anfahren.

Handelt es sich um die Würzburger bzw. Heilbronner Gegend, empfiehlt es sich, die Ausfahrt Ludwigsburg Nord zu wählen.

Von München aus ist die Ausfahrt Ludwigsburg Süd die beste Wahl.

Kommen Sie von Stuttgart oder Heilbronn, bietet es sich an, stattdessen über die Bundesstraße 27 zu fahren.

Parken:

Die Stadt bietet Ihnen eine Menge Möglichkeiten, Ihr Auto abzustellen.

Vor allem der Parkplatz am Arsenalplatz und der Bärenwiese (Friedrich-Ebert-Straße, 71638) sind zu empfehlen, da es hier eine breite Auswahl an Plätzen gibt. Zudem dürfte die Lage, die sich direkt in bzw. sehr nahe an der Stadt befindet, wünschenswert sein. Darüber hinaus existieren viele weitere Möglichkeiten.

Eine Übersicht, mit Anzahl der freien Parkplätze und den jeweiligen Kosten, können Sie im folgenden Parkleitsystem einsehen:

https://maps.adac.de/?preset=true&ID=140&x1=1019365&y1=6251450&x2=1023640&y2=6249153

Verkehrsanbindungen innerhalb der Stadt

Mobilität wird in Ludwigsburg großgeschrieben. Deshalb gelten seit dem 1. Januar 2020 verbesserte Bedingungen für die ohnehin schon sehr gute Busanbindung.

Von montags bis freitags fahren die vier Hauptlinien (427, 425, 422, 421) von 5:30 bis 21:00 Uhr im 10-Minuten-Takt. Das gilt auch für schulfreie Tage. Am Wochenende sind sie alle 20 Minuten und täglich bis zirka 1:00 Uhr nachts im Einsatz.

Neue Hybrid- und Elektro-Busse sorgen auf den entsprechenden Linien für ein noch schöneres Fahrerlebnis!

Mit der S-Bahn S4 nach Marbach erreichen Sie nach einer Station die Haltestelle Favoritepark.

Mit der Gesamtheit aller öffentlichen Verkehrsmittel, die zur Verfügung stehen, ist jeder Teil Ludwigsburgs erreichbar. Auch weitere Städte, die zum Landkreis zählen, sind davon nicht ausgenommen. Das ist den Fernbussen, die ebenfalls im Angebot enthalten sind, zu verdanken.

Ihr Plan ist, die Barockstadt flexibel zu erkunden? Mit einem Stadtticket, das Sie nur wenige Euro kostet, wird dieser Wunsch wahr. Unzählige Fahrten und Umstiege innerhalb der Buslinien sind Ihnen damit den ganzen Tag über garantiert.

Da Änderungen im Plan möglich sind, finden Sie auf https://www.vvs.de/ alle Verbindungen.

Sie bevorzugen die Ruhe und wollen noch schneller ans Ziel kommen?

Kein Problem! Die Taxi-Zentrale ist rund um die Uhr erreichbar!

Ob Sie allein oder in Begleitung von Familie und Freunden sind – seien Sie gewiss, dass Ihnen das passende Taxi zur Verfügung steht!

Es lässt sich bequem per App, Mail oder ganz klassisch per Telefon bestellen.

Auf der Webseite https://taxizentrale-ludwigsburg.de/ finden Sie alle Kontaktdaten.

Fahren Sie gerne Fahrrad, finden Sie am Ludwigsburger Bahnhof zwei Verleihstationen mit E-Bikes und Pedelecs.

Unterkünfte

JUGENDHERBERGE LUDWIGSBURG

Sie fahren gerne mit dem Rad oder suchen eine billige Unterkunft für mindestens eine Nacht? Zudem wünschen Sie sich, dass Ihnen auch etwas geboten wird? Dann sind Sie hier richtig! Die Juhe ist ein fahrradfreundlicher Gastbetrieb und erfüllt die Mindestanforderungen des Allgemeinen Deutschen Fahrrad-Clubs e.V.

Das bedeutet für Sie, dass:

- Ihr Rad einen sicheren Standort erhält.
- die wichtigsten Werkzeuge für kleinere Pannen zur Verfügung stehen.
- Sie die Möglichkeit haben, Ihre nasse Kleidung

und Ausrüstung zu trocknen.

• Sie Radwanderkarten, Busfahrpläne und ähnliches erhalten.

• ein stärkendes Frühstück auf Sie wartet, das optimal an Ihre Bedürfnisse als Radler angepasst ist.

Natürlich sind auch Personen, die kein Fahrrad fahren, willkommen! Das trifft auch auf jede Altersklasse zu. Lassen Sie sich von dem Titel »Jugendherberge« deshalb nicht abschrecken!

Das Gebäude gilt zudem als zertifizierte **Kultur Jugendherberge**.

Interkulturelle Gemeinschaft und Angebote, vor allem für Jugendliche, stehen damit in der Unterkunft ganz oben auf der Liste.

Ob Sie allein, mit einer Gruppe oder der Familie übernachten wollen – in allen Fällen existiert ein passendes Zimmer.

Bei den meisten Räumen, die zur Verfügung stehen, handelt es sich um Doppelzimmer.

Darüber hinaus gibt es einige Mehrbettzimmer, die mit jeweils 3-6 Betten ausgestattet sind.

Ein paar Zimmer für Einzelpersonen stehen ebenfalls zur Auswahl.

Als Aufenthaltsraum gelten 5 Gruppenräume, wovon einer mehr als 50 Quadratmeter Platz bietet.

Verpflegung

Angeboten werden Übernachtungen mit Frühstück, Halb- oder Vollpension.

Preise

Die Kosten leiten sich ab von:

- Ihrem Alter
- der Wahl der Verpflegung
- der Art des Zimmers
- und der Anzahl der Übernachtungen

Darüber hinaus ermöglichen Gruppen- und Familienpreise Rabatte.

Lage

Die Ludwigsburger Jugendherberge befindet sich oberhalb der Neckarbrücke, am östlichen Stadtrand auf dem Schlösslesfeld. Erreichbar ist sie mit der Buslinie 422 (Pflugfelden – Schlösslesfeld). Nur 300 Meter Fußweg trennen Sie von der Haltestelle. Zählen Sie zu den gehfreudigen Personen, benötigen Sie circa 35 Minuten in die Innenstadt. Die Entfernung zum Bahnhof beträgt ungefähr 2,5 Kilometer.

In der Nähe des Gebäudes befinden sich das Neckarbiotop Zugwiesen, das Frei- und Hallenbad, die Kanustation, ein Fußballfeld sowie mehrere Biergärten (unter anderem das Uferstüble).

Haben Sie Lust auf etwas Spaß, Trubel und Gesellschaft, ist die Lage optimal. Doch auch, wenn Sie sich nach Ruhe sehnen und zu den naturverbundenen Menschen zählen, wird Sie die Gegend nicht enttäuschen.

Adresse:
Jugendherberge Ludwigsburg
Gemsenbergstraße 21
71640 Ludwigsburg
Telefonnummer: 07141 51564

HOTEL KRONENSTUBEN

Sie mögen es luxuriös? Dann entscheiden Sie sich für das Boutique-Hotel. Erbaut wurde es vermutlich im Jahr 1825 und zählt damit zu den ältesten Hotels Ludwigsburgs. Aufgrund einer Kernsanierung, deren Ergebnis für strahlende Augen sorgt, fand im März 2018 eine Neueröffnung statt.

Freuen Sie sich auf Zimmer ganz nach Ihrem

Budget und Geschmack.

Das Gebäude lockt mit Standard-, Komfort- und Business-Class-Zimmern.

Entscheiden Sie sich für den Standard, so haben Sie die Wahl zwischen einem Einzel- oder einem Doppelzimmer. Des Weiteren bleibt es Ihnen überlassen, ob Sie ein privates Badezimmer oder ein Gemeinschaftsbad nutzen.

Bei den weiteren Räumen handelt es sich um Doppelzimmer.

Jeder Raum ist auch mit getrennten Betten nutzbar.

Die Preise variieren je nach Auswahl, aufsteigend von den Standard- bis zu den Business-Class-Zimmern.

Verpflegung

Das abwechslungsreiche Büffet bietet eine große Auswahl für jeden Geschmack.

Frisches Obst und Gemüse sowie Brot aus einer hiesigen Bäckerei lassen keine Wünsche offen.

Die gesamte Auswahl der Produkte stammt direkt aus der Region und überzeugt mit bester Qualität.

Weitere Ausstattungen

Auch die Kronenstuben bieten Ihnen freies WLAN und Pflegeprodukte. Einen Fön erhalten Sie an der Rezeption. Des Weiteren stehen barrierefreie Zimmer und Sanitäranlagen zur Wahl.

In den meisten Fällen sind Haustiere ohne Aufpreis gestattet. Es wird jedoch gebeten, dies vorab mit den Mitarbeitern zu besprechen.

Lage

Hier befinden Sie sich im Herzen Ludwigsburgs! Die Fußgängerzone sowie das Marstall-Center sind nur wenige Schritte entfernt. Auch das BlüBa und den Marktplatz mit seinen beiden Barockkirchen erreichen Sie in ein paar Gehminuten.

Adresse:

Boutique-Hotel Kronenstuben Ludwigsburg

Kronenstraßen 2

71634 Ludwigsburg

Telefon: 07141 6430000

NESTOR HOTEL

Dieses 4-Sterne Hotel ist jede Begeisterung wert! Dafür sorgt nicht nur seine Lage in einer romantischen Gasse und der Außenbereich, der mit einem Mauerwerk aus dem 19. Jahrhundert glänzt.

Auch die Inneneinrichtung lässt keine Wünsche offen. Sie erstrahlt im hellen, modernen Stil. Obendrein dürfen Sie sich dank der Klimatisierung selbst im höchsten Sommer über angenehme Temperaturen freuen. Eine große Terrasse lädt zum Entspannen ein.

Versorgung

Für den (kleinen) Hunger und das Gläschen Wein sorgen eine Bar, ein gemütliches Restaurant mit Wintergarten und eine Bäckerei im alten Stil.

Dort erwarten Sie die mediterrane Küche und leckere regionale Gerichte.

Freizeitbereich

Sie möchten sich auspowern? Dann halten Sie die Fitnessgeräte auf Trab.

Im Anschluss haben Sie die Möglichkeit, im Dampfbad, der Sauna oder dem Ruheraum zu entspannen.

Weitere Ausstattungen

Freuen Sie sich auf kostenloses WLAN und rauch-freie Räume. Auch Haustiere sind in der Regel erlaubt. Auf Wunsch verwöhnt Sie ein Zimmerservice. An der Rezeption steht Ihnen rund um die Uhr ein Mitarbeiter zur Seite. Familien erhalten gegen Gebühr sogar eine Kinderbetreuung im Zimmer. Parkmöglichkeiten stehen Ihnen (kostenpflichtig) zur Verfügung.

Lage

Lust auf einen Besuch im Residenzschloss? Das kommt sehr gelegen, denn davon trennen Sie nur 400 Meter.

Noch näher liegt das Forum am Schlosspark, das sich vor allem für Geschäftsreisende anbietet.

Dort finden Sie bereits die nächste Bushaltestelle.

In nur 10 Gehminuten erreichen Sie den Ludwigsburger Bahnhof.

Das Stadtzentrum Stuttgarts ist mit dem Auto in circa 20 Minuten zu erreichen.

Adresse:

nestor Hotel Ludwigsburg
Stuttgarter Straße 35/2

71638 Ludwigsburg

Telefonnummer: 07141 9670

Eine Übersicht der verschiedenen Übernachtungs-möglichkeiten gibt Ihnen die folgende Website: **https://www.ludwigsburg.de/start/tourismus/unterkuenfte.html**

Haben Sie nicht den zwingenden Wunsch, dass sich die Unterkunft direkt in der Barockstadt befindet, bietet Stuttgart eine große Auswahl an weiteren Optionen.

Legen Sie Wert auf billige Übernachtungs-möglichkeiten, sind auch abgelegenere Orte, die zum Landkreis zählen, zu empfehlen.

Aktivitäten in Ludwigsburg

Unendlich viel entdecken, Spaß haben und das Auge erfreuen – dafür ist Ludwigsburg bekannt. Mit welchen Besonderheiten der Ort glänzt und was Sie unbedingt gesehen haben müssen, erfahren Sie nun.

MARKTPLATZ

Der vom Italiener Donato Giuseppe Frisoni im 18. Jahrhundert gestaltete Platz büßt bis heute nichts von seinem barocken Charme ein. Er gilt als Zentrum und Mittelpunkt der Stadt, sowohl für Bürger als auch für Touristen. Der Stil des großen, rechteckigen Platzes wird geprägt von zwei Barockkirchen und ebenmäßigen Arkadenhäusern, die den Fleck rundum zieren. In der Mitte befindet sich ein historischer Marktbrunnen. Davor stehen Stühle bereit, mit denen sich in der warmen Jahreszeit das gesamte Flair genießen lässt.

In einigen Bauwerken in der Nähe wurden einst Berühmtheiten geboren, darunter Justinus Kerner (Marktplatz 8) und Eduard Mörike (Kirchstraße 2). Zudem finden Sie attraktive Cafés, Bäcker und Restaurants mit ausgedehnten Terrassen vor.

Auch auf Apotheken und Ladengeschäfte, die sich im Erdgeschoss der Arkadenhäuser befinden, wurde nicht verzichtet. Jeden Mittwoch findet am Platz der Markt und alljährlich der populäre Weihnachtsmarkt statt.

DAS PFERDEKOPPEL-GRAB

Gräber gibt es nur auf dem Friedhof? Wenn Sie dem Glauben schenken, dann waren Sie noch nicht auf der einstigen Ludwigsburger Pferdekoppel. Sie gilt heute als Grünfläche, auf deren Mitte eine Grabstätte steht. Beerdigt wurde dort Pauline Olga Helene Emma von Württemberg, die von 1877 bis 1965 lebte. Sie hatte einen großen Hang zu Pferden. Weil ihr Wunsch gewürdigt wurde, findet man heute ihr Grab im Zentrum der früheren Koppel.

MUSEEN

Ludwigsburg Museum

Hegen Sie Interesse an der früheren Zeit und der Geschichte der Barockstadt?

Dann treten Sie ein ins Ludwigsburger Museum. Dort bekommen Sie die Möglichkeit, in die bunte Geschichte des Ortes einzutauchen, die ganze 3 Jahrhunderte in Beschlag nahm. Welche Bedeutung hatte Ludwigsburg als Industrie- und Garnisonsstadt? Und wie lief die Zeit als Württembergische Residenz ab? Mit welchen Erfindungen kann die Stadt dienen? All das und mehr erfahren Sie hier. Von Kunst und Kultur bis hin zum Militär - für jeden, der etwas für Geschichte übrighat, ist in diesem Museum etwas Interessantes dabei. Ein Café mit altem Geschirr und selbstgebackenem Kuchen regt neben dem Appetit auch die Atmosphäre der vergangenen

Zeit an.

Ob als Einzelperson, in der Gruppe oder als Familie: Sie werden das Gebäude nicht ohne eine Portion geballtem, neuem Wissen verlassen!

Adresse:
Ludwigsburg Museum
Eberhardstraße 1
71634 Ludwigsburg
Telefon: 07141 9102290

Strafvollzugsmuseum
Was mussten die Gefangenen damals wohl über sich ergehen lassen? Die Antwort finden Sie in der Barockstadt! Mit der ersten und über lange Zeit einzigen Strafanstalt in ganz Deutschland hat Ludwigsburg auch eine düstere Seite vorzuweisen. Treten Sie ein und lernen Sie sie kennen! Bei dem Anblick sämtlicher Tötungs- und Foltergeräte wird Sie die Gänsehaut übermannen! Dazu zählen zum Beispiel Richtschwerter und sogar eine Guillotine, die besonderes Aufsehen erregt. Auch Prügelböcke und eine Zwangsjacke aus Leder finden Sie vor. Interessieren Sie sich dafür, wo die Gefangenen in der Vergangenheit ihr Dasein fristen mussten? Dann sehen Sie es

sich doch einfach an! Das Museum stellt Ihnen eine komplette Zelle zur Schau.

Neben all den erschreckenden Geräten können Sie unter anderem auch über eine Kochplatte staunen. Das ist nichts Besonderes? In diesem Fall schon! Sie stammt nämlich aus der Stammheimer Zelle des RAF-Terroristen Andreas Baader, der der Roten-Armee-Fraktion angehörte. Neben der besagten Platte existiert hier noch weiteres Hab und Gut der linksextremistischen terroristischen Vereinigung der Bundesrepublik Deutschland.

Inzwischen präsentiert das Museum auch Produkte, die Häftlinge in den Gefängnissen Baden-Württembergs heute herstellen.

Das Gebäude stellt nach wie vor ein beliebtes Ausflugsziel für Schulklassen und andere Gruppen dar.

Jeder, der sich für die dunkle Seite interessiert, ist mit diesem Besuch gut bedient!

Adresse:
Strafvollzugsmuseum Ludwigsburg
Schorndorfer Straße 38
71638 Ludwigsburg
Telefon: 07141 49876265 und 07141 901695

ALTER FRIEDHOF

Ob Sie es mystisch mögen oder sich für Historie und Begräbnisstätten im Allgemeinen interessieren – an dieser Idylle kommen Sie nicht vorbei!

Verwitterte und verwachsene Gräber, dunkle, schattige Plätze -

der Friedhof gegenüber dem Klinikum lässt nicht nur durch seinen Anblick einen Schauer über den Rücken laufen. Auch die Grabstätten unzähliger bedeutender Persönlichkeiten befinden sich hier. Am 7. Oktober 1921 fand an diesem Ort König Wilhelm der II. im Familiengrab seine letzte Ruhe.

Das beeindruckende Mausoleum wurde nach dem Tod von Johann Karl Reichsgraf von Zeppelin im Jahr 1801 aufgebaut.

Auf die leidvolle Vergangenheit weisen dutzende Gräber russischer Kriegsgefangener, Bombenopfer, Zwangsarbeiter und Soldaten beider Weltkriege hin. Auch der Gedenkstein, der an

die Menschen in Gewaltherrschaft erinnert, lässt die früheren Zeiten nicht unberührt. Dasselbe gilt für die Kriegerehrenmale.

Direkt neben dem alten Friedhof befindet sich die jüdische Ruhestätte.

Doch trotz dieses Grusel-Faktors stellt der düstere Ort mit seinen Bänken gleichzeitig eine beliebte Möglichkeit zum Ausspannen und Nachdenken dar.

Parkplätze und eine Bushaltestelle finden Sie direkt am Aus- bzw. Eingang in Richtung Klinikum.

BLÜHENDES BAROCK

Am bekanntesten ist Ludwigsburg wohl für sein Blühendes Barock, bei den Einheimischen kurz BlüBa genannt. Hier kommt den meisten sofort das zugehörige Residenzschloss und der Märchengarten, der kleine Herzen höherschlagen lässt, in den Sinn.

Das Schloss bietet regelmäßig Führungen für Erwachsene und speziell für Kinder an. Umgeben wird es von rund 30 Hektar einzigartiger Gartenkunst.

Doch damit nicht genug: Unzählige weitere Gründe animieren dazu, das Blühende Barock zu lieben.

SCHLOSSTHEATER

Dieses architektonische Gebäude, das eine lange Geschichte des Theaters bietet, besteht bereits seit 1758. Im Lauf der Zeit erhielt es jedoch eine über 5-jährige Restaurierung und erstrahlt nach seiner Wiedereröffnung im Jahr 1998 in neuem Glanz.

Seitdem steht den bis zu 350 Zuschauern eine noch breitere Auswahl an Veranstaltungen zur Verfügung.

Dazu zählen unter anderem die bekannten Ludwigsburger Schlossfeldspiele.

Die Bühnentechnik, die zum größten Teil noch immer mit dem Original übereinstimmt, dient mit einem zentralen Wellbaum unterhalb der Bühne.

So findet der Austausch von zwei Serien von auf Tiefenwirkung zielenden Kulissenschnitten statt.

Die Bewegung ist einer einfachen Mechanik zu verdanken.

Bislang existieren noch acht Garnituren verschiedener Original-Kulissen (Säle, Dorf, Garten).

Die Dokumentation der Restaurierung und des Bestands zeigt ein gesondertes, kleines Theater-Museum.

SCHLOSSKAPELLE

Der Bau dieser wunderschönen Kapelle, der im Jahr 1716 seinen Anfang fand, ist Donato Giuseppe Frisoni, einem italienischen Architekten, zu verdanken.

Noch heute ist sie beinahe identisch mit ihrer einstigen Erbauung. Sie zählt zu den bemerkenswertesten Räumen des Schlosses und wird mit einer Menge prachtvollem Schmuck geziert.

Bei der zweigeschossigen Kirche handelt es sich um einen Zentralbau, der sich nicht in die Länge zieht, sondern die Form eines Kreisbaues einnimmt. Somit verdeutlicht er die Tradition der großen Grabkirchen seit der Antike. Der Herrscherfamilie wurde der direkte Weg in die Herzensloge ermöglicht, die sich in der Kapelle befand. Die seitlichen Emporen galten den Mitgliedern des Hofstaates. Das eindrucksvolle Deckengemälde des Malers Carlo Carlone zeigt die »Verherrlichung der Heiligen Dreifaltigkeit« auf. Es hat seinen Platz in der Mittelkuppel der Kapelle.

Etwas düster, aber zugleich interessant ist die Tatsache, dass sich unter der Kirche eine Gruft der fürstlichen Familie befindet. Hier liegen unter anderem die Särge des Königs Friedrich, des Herzogs Carl

Eugen und des Herzogs Eberhard Ludwigsburg. Die Idee, die Särge dort einzurichten, stammt vom Herzog persönlich.

Das Gotteshaus wechselte regelmäßig die Konfession, je nach Religionszugehörigkeit des Herrschers. Heute gilt sie als katholisch.

SCHLOSSGARTENSEE

Neben dem Schloss selbst bildet dieser See wohl das Antlitz des Blühenden Barocks.

Mit seiner überdimensionalen Fläche und dem klaren Wasser verleiht er dem Schloss- und dem gesamten Südgarten den letzten Schliff. Diese Tatsache blieb auch den Vögeln nicht verwehrt, die sich an diesem Gewässer wohlfühlen.

JAPANGARTEN

Den müssen Sie gesehen haben! Besonders wenn Sie sich für den Zen-Buddhismus und den Shintoismus interessieren, dürfen Sie sich diese Gelegenheit nicht entgehen lassen. Aber auch für alle Naturfreunde und Menschen, die nach Stille streben, ist dieser

Garten wie gemacht. Betreten Sie die Pforte und verwöhnen Sie Ihre Augen: Eine Gruppe hauchfeiner Kiefern, die einen Fluss aus weißen Kieseln und unebenen Felsen umgibt, vermittelt den Eindruck einer Gebirgslandschaft. Über einen mit Steinplatten ausgelegten Pfad gelangen Sie zu einem Teich, der riesige Fische beherbergt und jedes Blickes würdig ist. Ein dynamischer Bach breitet sich über Kaskaden und Wasserfälle aus.

Schon die Beschreibung verdeutlicht, wozu dieser Ort geschaffen wurde: Nicht nur um mit seinem Aussehen zu erfreuen, sondern auch um Ruhe und sich selbst zu finden!

SCHÜSSELESEE

Das ovale Gewässer ziert das Blühende Barock, umgeben von einer farbenfrohen Blumenpracht.

Die Entenhäuschen, die an Pavillons erinnern, sorgen für einen noch schöneren Anblick.

Wer zur passenden Zeit hier ist, kann beobachten, wie sich die gefiederten Zweibeiner schlafend am Rande des Sees tummeln. Auch etlichen Fischen und Wasservögeln bietet er eine Heimat.

ORANGERIE

Am Rande der Platanenallee steht die Orangerie. Die gesamte Saison über können Sie in diesem Gebäude Kunstausstellungen und einzigartige Blumenschauen in voller Pracht bestaunen. Sie werden regelmäßig erneuert, um Ihnen ein abwechslungsreiches Bild zu bieten. Das helle, lichtdurchflutete Gebäude streichelt das Gemüt. Unterschiedliche Musikstücke, die am Eingang auswählbar sind, geben der sinnlichen Atmosphäre ihren letzten Schliff.

Hoch leben die Traditionen der höfischen Gärten des 18. und 19. Jahrhunderts, die durch die Orangerie am Leben gehalten werden.

FREIFLUGVOLIERE

Durch eine bezaubernde Grünanlage spazieren und dabei viele gefiederte Freunde hautnah erleben: Dafür ist das Vogelparadies, wie es von vielen genannt wird, bekannt. Manche Arten, zum Beispiel Wellensittiche, hausen in einer Voliere, andere bewegen sich frei durch das umzäunte Gelände. Störche, Papageien, Ibisse, Flamingos und Enten hausen in dem rundum sanierten Produktionsbau.

Die Tiere sind Menschen gewohnt und kennen daher keine Scheu. So können sie in aller Ruhe betrachtet werden. Dazu laden auch die Bänke ein, die am Gewässer der Flamingos aufgestellt wurden.

Ein mit Blumen und Pflanzen geschmückter Tunnel führt in das Paradies hinein und wieder hinaus.

Leise Musik und ein kleiner Bach untermalen die harmonische Atmosphäre.

EMICHSBURG

»Rapunzel, Rapunzel - lass dein Haar herunter!«, ruft an dieser Stelle nicht der Königssohn. Das bleibt Ihnen und den Kleinsten überlassen. Nach dieser Aussage sinkt der Zopf tatsächlich vom Turm hinab, weshalb er auch als Rapunzelturm bezeichnet wird.

Die Burg ist durch zwei unterschiedlich hohe Türme miteinander verbunden.

Der mittelalterliche Stil lässt sich sowohl von innen als auch von außen erkennen.

Die Turmspitze und die Galerie des Turmes bieten einen faszinierenden Blick auf den unteren Teil des Blühenden Barocks und den Schlossgarten.

Betreten Sie die Burgruine, erwartet Sie das Dornröschen. Eine gigantische und mystische Wendeltreppe führt zu Rapunzel und in den Märchengarten.

RESTAURANTS

Parkcafé

Erreichen Sie das BlüBa durch den Eingang am Rande des Klinikums, finden Sie nur circa 50 Meter entfernt auf der rechten Seite das Parkcafé. Dieses Restaurant bietet eine wunderbare Aussicht auf den See des Blühenden Barocks. Wählen Sie einen Platz in der Außenanlage, können Sie dieses Bild am besten genießen. Doch das ist auch vom angeschlossenen Wintergarten aus möglich. Im Parkcafé erhalten Sie in Selbstbedienung eine große Auswahl an leckeren kalten und warmen Speisen sowie Getränken.

Cafeteria am Rosengarten

Im unteren Teil, in der Nähe des Märchengartens, lädt diese Cafeteria ein, die ebenfalls ein großartiges Ambiente vorzuweisen hat. Von hier aus betrachten Sie die zahlreichen Rosenblüten und Pflanzen in faszinierender Gestaltung. Auch auf das alte Corps de logis und die Emichsburg können Sie einen Blick werfen.

Für den kleinen Snack zwischendurch locken Kaffee und Kuchen. Die warme Küche verwöhnt Sie mit schwäbischen und internationalen Gerichten. Auch gekühlte Getränke sind jederzeit zu haben.

Imbiss Kochtöpfle

Gegenüber der Herzogschaukel und der Märchenbahn grüßt das Kochtöpfle. Hier bekommen Sie eine breite Palette von Angeboten für den kleinen und großen Hunger. Ob Snacks für zwischendurch, Süßigkeiten, Eis, warme Gerichte oder Getränke jeglicher Art: Sie haben die Wahl, Speisen und Getränke mitzunehmen oder im zugehörigen Biergarten zu verzehren.

Tal der Vogelstimmen

Kommen Sie ins Eistäle! Testen und erweitern Sie Ihr Wissen über die einheimischen Singvögel.

Eine Vogelstimmenuhr begrüßt Sie am oberen Eingang. Sie verdeutlicht das Erwachen und den Verlauf des Gesangs der verschiedenen Vogelarten über den Tag.

Die meisten von ihnen werden auf dem circa

250 Meter langen und ruhigen Pfad auf Leuchttafeln vorgestellt. Vogelarten, deren Heimat die Wiesenbäche sind, hören Sie entlang des Bachlaufs singen. Im baumbestandenen Bereich dürfen sich Ihre Ohren über die Bewohner des Waldes freuen. Wasservögel toben sich mit ihren Stimmen an einem kleinen Teich aus.

Das Tal ist vor allem für Vogelfreunde jeden Besuch wert. Hier bekommen Sie die Möglichkeit, die Ihnen heutzutage leider kaum mehr geboten wird - eine riesige Palette der Singvögel zu erleben!

KINDERSPIELPLATZ

Der umzäunte Spielplatz, der an den Märchengarten grenzt, ist nicht umsonst gut besucht. Eine Korbschaukel, Klettermöglichkeiten und vieles mehr wird auf ausreichend Platz geboten. Sogar über eine integrierte Wasserspielanlage dürfen sich Kinder freuen.

DER MÄRCHENGARTEN – WO TRÄUME UND FANTASIEN WIRKLICHKEIT WERDEN

Nicht nur Kinderaugen beginnen bei der beliebten Attraktion zu leuchten: Feen, Kobolde und eine Menge bekannter Fantasiefiguren erwarten Sie! Bei mehr als 40 Märchenszenen bekommen Sie die Chance, die Geschichten mal ganz anders zu erleben.

Denn die meisten davon können Sie vermutlich im Schlaf erzählen, doch wann haben Sie je eine »echte« sprechende Märchenfigur vor sich gesehen? Das lässt sich nun ändern!

Seit der Entstehung im Jahr 1959 wurden die Szenen regelmäßig erweitert, sodass heute mehr als 40 Märchen Sie begeistern:

- Der Riese Goliath
- Das Aschenputtel
- Hänsel und Gretel
- Der Froschkönig
- Frau Holle
- Rumpelstilzchen
- Die kluge Else

- Die Bremer Stadtmusikanten
- Knüppel aus dem Sack
- Dornröschen
- Der süße Brei
- Tischlein deck dich
- Schneeweißchen und Rosenrot
- Die Sterntaler
- Das Rotkäppchen
- Der Wolf und die sieben Geißlein
- Rübezahl
- Rapunzel
- Pinocchio
- Der Goldesel
- Das tapfere Schneiderlein
- Däumelinchen
- Die roten Schuhe
- Brüderchen und Schwesterchen
- Seerosenkönig
- Das Huhn, das goldene Eier legte
- Max und Moritz: Schneider Böck
- Max und Moritz: Meister Bäcker
- Max und Moritz: Lehrer Lämpel
- Max und Moritz: Witwe Bolte

- Max und Moritz: Bauer Mecke
- Max und Moritz: Onkel Fritz
- 1001 Nacht: Ali Baba und die 40 Räuber
- 1001 Nacht: Sindbad
- 1001 Nacht: Aladin und die Wunderlampe

Herzogschaukel

Sie reizen Fahrgeschäfte und optische Täuschungen? Dann nichts wie hinein in die riesige Schaukel für Groß und Klein! Nicht nur der antike Stil wird Sie überzeugen. Stellen Sie sich auf scheinbar bewegliche Wände, wachsende Spiegel und vieles mehr ein! Achtung: Mit Schwindelgefahr ist zu rechnen.

Bootsfahrt

Spaß für jede Altersklasse bietet auch die kleine, aber feine Bootstour gleich am Haupteingang des Märchengartens.

Steigen Sie ein und betrachten Sie die Ziegen und Gänse, die in der Nähe hausen. Zudem erwarten Sie die kluge Else, das tapfere Schneiderlein und Pinocchio, der von einem Hai verschlungen wurde – ein Schicksal, von dem auch Sie nicht unberührt bleiben werden. Allein für das Spektakel lohnt sich die Fahrt. Wann haben Sie je ein solches Riesentier von innen gesehen?

Grillplätze

Grillen mit Ihren Freunden oder der ganzen Familie? Das ist auch im Märchengarten möglich. Dafür stehen Ihnen Plätze samt Grill zur Verfügung. Sie befinden sich neben dem Kiosk und gegenüber der Herzogschaukel.

Kino

Nur wenige Schritte entfernt haben Sie auf bedachten Sitzbänken die Möglichkeit, sich schwarz-weiße Märchen auf der Leinwand anzusehen. Von Rotkäppchen über Dornröschen bis hin zu Frau Holle, Rumpelstilzchen & Co ist sicher auch Ihre Lieblingsgeschichte dabei.

Streichelzoo

Da freuen sich vor allem die Jüngsten: Ein kleiner Streichelzoo mit Ziegen bildet das i-Tüpfelchen für alle Tierfans! Sie sind in der Regel zutraulich und genießen Streicheleinheiten. Sobald die Vierbeiner sich nach Ruhe sehnen, ziehen sie sich auf das Gelände zurück, das nur für die Tiere bestimmt ist.

WEITERE ANGEBOTE IM BLÜHENDEN BAROCK

Modemuseum

Sie interessieren sich sowohl für Fashion als auch für die frühere Zeit?

Dann sollten Sie dem Modemuseum unbedingt einen Besuch abstatten!

Hier bekommen Sie die Möglichkeit, europäische Kleidung aus circa zwei Jahrhunderten zu betrachten.

Aus dem 18. bis zum 20. Jahrhundert erwarten Sie rund 700 originale Kostüme und Accessoires, die einst von den Damen, Herren und Kindern getragen wurden.

Diese Auswahl dürfen Sie auf ganzen 750 Quadratmetern und zwei Ebenen erleben.

Eine chronologische Gliederung verdeutlicht, wie die Mode mit den gesellschaftlichen Veränderungen geht.

Bei dem Museum handelt es sich um ein Zweigmuseum des Landesmuseums Württemberg.

Es liegt im früheren Festinbau des Schlosses.

Keramikmuseum

Eine faszinierende Sammlung aus Fayence-, Porzellan- und Keramikstücken erwartet Sie auf über 2000 Quadratmetern. Sie stammen aus den Porzellanmanufakturen Berlin, Wien, Meißen, Nymphenburg und natürlich Ludwigsburg. Auch mit zeitgenössischer Keramik wird Ihnen gedient.

Sie finden die Sammlung im südlichen neuen Hauptbau des Schlosses im Obergeschoss.

Präsentiert wird sie vom Landesmuseum Württemberg.

Barockgalerie

Eine Auslese der europäischen Barockmalerei der Staatsgalerie Stuttgart.

Die deutsche und italienische Malerei stellt mehr als 150 ihrer Meisterwerke aus dem 17. und 18. Jahrhundert vor.

Unter anderem imponieren Porträts von Christian Seybold und Balthasar Denner, die populären Schatzgräber des Johann Heinrich Schönfelds sowie eines seiner Hauptwerke.

Events

Die Gartenlandschaft beeindruckt im Sommer zudem mit einer Vielzahl an Veranstaltungen. Mehr dazu finden Sie unter dem Punkt: Das Blühende Barock und seine Festivitäten.

Schloss Favorite mit Wildpark

Eine Brücke verbindet Sie am Ausgang des Blühenden Barocks direkt mit dem Favoritepark.

Nur 5 Gehminuten vom Residenzschloss entfernt, finden Sie hier das nächste durchaus sehenswürdige Schloss. Es steht bereits seit 1723, nachdem der Bau nach 6 Jahren harter Arbeit abgeschlossen wurde. Den Plan für das Lust- und Jagdschlösschen von Herzog Eberhard Ludwig schmiedete Donato Giuseppe Frisoni.

Hier fand auch der Dreh des berühmten SWR 4-Nachtcafès unter der Leitung von Wieland Backes statt.

Von außen trägt das faszinierende Gebäude, passend zur Stadt, eine Barockfassade. Betreten Sie es, finden Sie sich in der Empirezeit wieder. Im Inneren begeistern Sie raffinierte Kunstmalereien.

Inzwischen lacht das Schloss aufgrund einer aufwendigen Sanierung, in die circa 3 Millionen Euro investiert wurden, in neuem Design. Das Geld für die Erneuerung hat sich gelohnt: Die vergoldeten Verzierungen an der Fassade erstrahlen nun in neuem

Glanz. Das Dach wurde mit historischen handgestrichenen Ziegeln gedeckt.

Dank einer Heizung steht Ihnen während der Besichtigung ein warmes Erdgeschoss zur Verfügung. Rote und gelbe Farbe, mit einem feinen Pinsel aufgetragen, hübscht das Schloss auf.

Nicht weniger beeindruckend ist der umzäunte Wildpark, der zu dem Gebäude zählt:

Entspannen, staunen, Tiere beobachten: All das ist auf dem mehr als 72 Hektar großen Gelände gegeben. Die über 2,5 km lange Wilhelmsallee führt Sie auf direktem Weg zum Schloss Monrepos.

Der Favoritepark, der seit 1937 als Naturschutzgebiet gilt, wird am Rande von saftigen Grün- und Waldflächen geziert. Dort haben die zahlreichen Rehe, Hirsche, Füchse und Fasane ihren Platz.

Auch Eichhörnchen und dutzende Vogelarten lassen nicht lange auf sich warten. Auf den Bänken, die über den gesamten Park verteilt sind, können Sie eine Rast einlegen.

Vor allem im Sommer ist dieses Ausflugsziel empfehlenswert, da die Vielzahl an Bäumen Schatten spendet.

MONREPOS

Das Seeschloss Monrepos, ein Rokoko-Meisterwerk mit Empire-Interieur, befindet sich in einer sagenumwobenen Naturlandschaft und ist umgeben von einem kleinen See. Die Gegend ist sehr ländlich, hat aber nach wie vor ihren Barock-Stil erhalten, so wie auch das Schloss selbst.

1714 fand unter der Anweisung von Herzog Eberhard Ludwig der Bau eines Jagdhauses statt. 30 Jahre später entschied sich Herzog Carl Eugen unter seiner neuen Macht dafür, es in ein Seehaus umzuwandeln. Auch das änderte sich wieder, sodass Sie heute das Seeschloss Monrepos vorfinden.

Begeben Sie sich an diesen Ort, wird Ihnen nicht nur seine historische Vergangenheit auffallen, die sich bis in die Gegenwart zieht. Das Ambiente ist auch geprägt von der Weinkultur und einige Freizeitangebote stehen zur Verfügung:

Pferde, auf denen Sie reiten dürfen, und eine Golfanlage mit wunderschöner Aussicht.

Wie wäre es außerdem mit einer Bootstour über den See? Sie haben die Wahl zwischen einem Ruder- oder einem gemütlichen Tretboot.

Wer gerne joggt, ist rund um das Gelände ebenfalls bestens bedient.

Viele bevorzugen die kleine, aber feine Runde um den See.

Der See misst circa 4 Hektar und ist bis zu 1,8 Meter tief.

Dort hausen Karpfen, Hechte, Schleier und Aale.

Enten und Schwäne fühlen sich ebenfalls sehr wohl.

Auf dem See liegen die Kapelleninsel und die Amorinsel Monrepos. Auf der Kapelleninsel ist die neogotische Kirche zu betrachten, die 1944 zum Teil zerstört wurde.

Zum Schwimmen eignet sich das Wasser leider nicht, doch die Augen dürfen sich in Hülle und Fülle daran erfreuen.

Trinken Sie gerne Wein, sollten Sie das Weingut Herzog von Württemberg besuchen.

Dort befindet sich auch das Tagungs- und Schlosshotel Monrepos.

Ihren Hunger und Durst können Sie am Kiosk stillen.

Wollen Sie die Natur genießen, schnappen Sie sich Ihr Handtuch und legen sich auf die

Grünflächen. Die Stufen, direkt am Ufer des Sees, bieten neben den Bänken eine weitere beliebte Sitzgelegenheit.

Vor der Anlage werden zahlreiche Parkplätze zur Verfügung gestellt.

Darüber hinaus existiert eine Busanbindung, die direkt zum See führt.

Adresse:
Domäne Monrepos
Monrepos 22
71634 Ludwigsburg
Telefon: 07141 3020

KUNSTEISBAHN

Von Oktober bis Anfang März hat die begehrte Kunsteisbahn direkt neben dem Stadionbad für Sie geöffnet. Für jeden, der das Eislaufen, den Winter und die Kälte liebt, ist das ein Highlight! Sowohl Anfänger als auch Fortgeschrittene haben hier einen Platz.

Doch das Schlittschuhlaufen lässt sich noch spaßiger gestalten, als es ohnehin schon ist! Die Stimmung wird gepusht durch Discoabende sowie verschiedene Events für Kinder und Oldies.

In den Kinder- und Erwachsenenkursen, die ab einer Anzahl von 5 Personen stattfinden, trainieren Sie Ihre Fähigkeiten auf dem Eis.

Die Eisdisco erwartet Sie immer freitags von 19:00 bis 21:30 Uhr. Die Oldieparty grüßt jeden ersten Samstag des Monats mit DJ Oldie Peter. Am selben Tag findet auch die Disco für die Kleinsten statt. Alle anderen Samstage werden von 14:00 bis 15:30 Uhr Songs gespielt, bei denen Teenies abfeiern können.

Besitzen Sie eine Geldwertkarte, bekommen Sie zudem Rabatte, die sich sehen lassen können.

Für die Kleinen und Anfänger stehen Eislaufhilfen in witzigen Formaten, zum Beispiel einem Pinguin, bereit.

Kostenlose Parkplätze sind im Besuch der Kunsteisbahn inbegriffen.

Adresse:
Kunsteisbahn Ludwigsburg
Fuchshofstraße 50
71638 Ludwigsburg
Telefon: 07141 830-63

Feste & Traditionen

Jeden Sommer lockt es zahlreiche Besucher nach Ludwigsburg, um auf den jährlichen Festen die Stimmung zu genießen. Staunen Sie, was in der Barockstadt alles los ist.

LUDWIGSBURGER SCHLOSSFESTSPIELE

Das kulturelle Highlight wurde im Jahr 1932 gegründet und zählt damit zu den ältesten Veranstaltungen im süddeutschen Raum. Unzählige Spielstätten sowie die fürstlichen Säle des Residenzschlosses werden im Sommer mit Musik aus verschiedenen Kategorien bereichert. Angesehene Künstler stellen jährlich fesselnde Konzertmomente vor.

Darunter imponieren auch neu zu entdeckende Schöpfer mit ihren Musikstücken. Die Programme wurden in den meisten Fällen extra für diesen Anlass entworfen.

Doch auch beschauliche Klöster und Schlösser werden mit den Schlossfestspielen als offizielle Landesfestspiele über das gesamte Bundesland bereichert.

DER TRADITIONELLE HÖHEPUNKT – DAS KLASSIK OPEN AIR

Vor der atemberaubenden Kulisse des Seeschlosses Monrepos dürfen Sie sich auf den krönenden Abschluss der Schlossfestspiele freuen. Das faszinierende Klassik Open Air mit Komponisten aus aller Welt beeindruckt bis zu 8.000 Menschen, die sich diese Sensation nicht entgehen lassen wollen. Tauchen auch Sie ein in europäische Orte, die Ihre Sinne verwöhnen. Ein erstklassiges Feuerwerk am Ende der Veranstaltung setzt das gesamte Ambiente nochmals perfekt in Szene.

PFERDEMARKT

Das große Stadtfest, das an die Bärenwiese grenzt und weitaus mehr bietet, als der Name besagt. Ein langer Kunst- und Krämermarkt lockt mit interessanten Angeboten. Essensstände verführen mit kulinarischen Speisen und auch für Süßigkeiten-Fans ist gesorgt.

Pferde zeigen ihr Können und die jüngsten Besucher werden spätestens beim Reiten auf den Ponys hingerissen sein.

Der Vergnügungspark mit zahlreichen Fahrge-schäften, von Kinderkarussells bis zu Achterbahnen, lässt keine Lacher aus. Gänsehaut erwartet Sie in den Geisterbahnen. Wer gerne sein Glück versucht, darf es beim Dosen-, Ringwerfen und weiteren Ständen testen. Hier finden Sie auch leckere einfache Ge-richte wie Pommes, Currywurst und Hähnchen.

Der Festumzug am Sonntag begeistert mit aus-geschmückten Pferden sowie Kostüm- und Musik-gruppen, die sich quer durch den Ort bewegen.

VENEZIANISCHE MESSE

Alle 2 Jahre findet im September auf dem Ludwigs-burger Markplatz das Maskenfest statt. Es wurde auf Wunsch von Herzog Carl Eugen gegründet, der auf seiner Italienreise eine große Vorliebe für den Kar-neval in Venedig entwickelte. Am 19. Januar 1768 fand das erste Fest in Ludwigsburg statt. Bis zum Tod des Herzogs gab es insgesamt 26 Veranstaltun-gen, die zum Teil auch in Stuttgart abgehalten wur-den.

Seit 1993 ist die Messe in der Barockstadt wie-der im Zweijahres-Rhythmus zu bewundern. Freuen

Sie sich auf über 1000 Artisten, Gaukler, Masken- und Kostümträger sowie Musiker. Tauchen Sie dank dem Ambiente in die Welt Venedigs ein.

Bunte, auffallende Kostüme und gute Laune - das wird hier großgeschrieben. Doch nicht nur barocke Kleider können Sie beobachten. So gibt es auch immer wieder Teilnehmer, die gerne aus der Masse herausstechen, zum Beispiel mit Steampunk-Kostümen.

Dass die beeindruckende Atmosphäre und Stimmung jeder Messe mit Bildern festgehalten werden muss, ist klar. Deshalb werden Sie neben unzähligen Schaubegeisterten auch eine Menge Fotografen antreffen.

Der Beginn der Veranstaltung wird am Freitagabend durch einen Aufmarsch der Künstler eingeleitet, der sich vom Bahnhof bis hin zum Marktplatz erstreckt. Der Holzmarkt und die untere Marktstraße bieten im Anschluss bis zum Sonntag einen Kunst- und Handwerkermarkt an.

MARKTPLATZFEST

Bunt und kulturell: Das ist das Motto des Marktplatzfestes, das jeden Sommer stattfindet und zum aktiven Mitmachen einlädt.

Ca. 60-70 Ludwigsburger Vereine verwöhnen Ihren Gaumen mit schwäbischen und multikulturellen Gerichten. Auf einer Bühne werden die Kleinsten mit einem Kinderprogramm bespaßt, Jugendliche dürfen sich auf die Aktionsfläche mit Trampolin und weiteren Attraktionen freuen. Leckere Getränke und gute Live-Musik sind ebenso selbstverständlich. Machen Sie sich darauf gefasst, dass nicht nur das abwechslungsreiche Angebot an Speisen Ihren Geschmack treffen wird. Dafür sorgt auch die große Auswahl an Songs. Tausende von Menschen genießen die belebte Stimmung jedes Jahr aufs Neue.

Ob Sie gemütlich zusammensitzen, singen oder tanzen wollen: Für alle Altersklassen wird etwas geboten. Die Bedeutung des Begriffs Langeweile kennt auf diesem Fest keiner!

DIE WEINLAUBE – WEINGENUSS VOM FEINSTEN

Die Barockstadt ist auch für ihre Weinlaube bekannt, die jeden August für mehrere Wochen stattfindet. Und da sie ihren Namen nicht umsonst trägt, bekommen Sie hier die unvergleichliche Gelegenheit, mehr als 130 erstklassige Weine regionaler und internationaler Art zu testen. Es ist natürlich klar, dass das auf nüchternen Magen nicht immer vorteilhaft ist. Deshalb stehen Ihnen Köstlichkeiten vom Fisch bis hin zum Braten und Kuchen zur Auswahl. Tägliche Live-Musik lässt die Stimmung richtig aufleben! Mindestens genauso gut ist die Tatsache, dass der Eintritt frei ist.

DAS BLÜHENDE BAROCK UND SEINE FESTIVITÄTEN

Neben allen Highlights, die das BlüBa ohnehin schon bietet, sind Sie jeden Sommer eingeladen, noch deutlich mehr zu erleben. Lassen Sie sich verzaubern – wenn nicht hier, wo dann?!

DIE WELTGRÖßTE KÜRBISAUSSTELLUNG

Dass sich Kürbisse perfekt für Halloween und verschiedene Gerichte eignen, ist Ihnen sicherlich bekannt. Doch haben Sie auch schon Ausstellungen gesehen, die lediglich aus diesen Gewächsen geschaffen wurden und Sie selbst meilenweit überragen? Vermutlich nicht. Dann besuchen Sie die weltgrößte Kürbisausstellung, die jedes Jahr von September bis November stattfindet.

Ob fabelhafte Märchenwesen, Tiere oder das Mittelalter – damit es abwechslungsreich bleibt, reizt bei jeder Veranstaltung ein neues Thema. Selbst Pokémons und Einhörner können Sie zu Gesicht bekommen.

Natürlich gibt es auch eine breite Vielfalt von verschiedenen Kürbissorten inklusive Verarbeitungstipps zu kaufen. Von Kürbisköstlichkeiten, die Sie mitnehmen oder auf den Bierbänken verzehren können, ganz zu schweigen.

In einem kleinen Holzhäuschen gibt es weitere Leckereien sowie sämtliche Dekoartikel. Eine gute Gelegenheit, sich selbst oder Ihren Liebsten ein kleines Mitbringsel zu kaufen.

Die Jüngsten freuen sich neben den faszinierenden Ausstellungen über verschiedene Tiere wie Kaninchen und ein Strohhaus zum Toben.

Staunen Sie außerdem über die Europa- und die Deutsche Meisterschaft beim Kürbiswiegen.

Betätigen Sie sich gerne motorisch, sind Sie beim Kürbis-Schnitzen an der richtigen Stelle. Und wer weiß – vielleicht kommt Ihr Meisterwerk ja so gut an, dass Sie den einen oder anderen Preis gewinnen. Die Chance dazu besteht jedenfalls.

Ein Ausflugserlebnis - nicht nur für die Kleinsten.

TRADITIONELLES MUSIKFEUERWERK

Das Ereignis des Sommers! Jedes Jahr erwartet Sie zu Beginn zwischen 18 und 19 Uhr das musikalische Rahmenprogramm auf der Grünfläche des unteren Ostgartens und im Südgarten. Spazieren Sie an zehntausenden imposanten Lichterbechern und Lampions vorbei, die den Garten in eine glanzvolle Zauberlandschaft verwandeln.

Erfreuen Sie sich zudem an zahlreichen Ständen

im Blühenden Barock.

Gegen 22:30 Uhr überrascht Sie vor der Südfassade des Residenzschlosses ein prächtiges Feuerwerk in schillernden Farben. Begleitet wird das Spektakel von ausgezeichneter Musik, die das Flair unterstreicht und mit den Lichteffekten übereinstimmt. Darunter fallen Klassiker wie Stücke von Johann Sebastian Bach.

Dieses Event verdanken Sie den Bielefelder Feuerwerksspezialisten von Flash-Art, die zu den Spitzenfeuerwerkern Europas zählen. Sie arbeiten bis zu einem halben Jahr zuvor daran, dass Sie diesen großen Moment erleben dürfen.

Tickets erhalten Sie unter 0711 2006-3806 oder auf www.reservix.de

DAS INTERNATIONALE STRASSENMUSIKFESTIVAL

Der Name ist Programm: Straßenmusiker aus aller Welt inspirieren Sie auf diesem Festival.

Begrüßen Sie jährlich alte Bekannte und Neulinge unter den Teilnehmern.

Musikrichtungen von A-Z, die auf über 10

Bühnen und von mehr als 100 Musikern gespielt werden, können gar nicht anders, als Ihren Abend unvergesslich werden zu lassen.

Am Ende entscheiden Sie, wer Sie besonders bereichert hat – der Künstler, der die höchste Anzahl an Stimmen erhält, bekommt den Siegertitel verliehen. Spannung bis zum Schluss ist somit garantiert.

LICHTERZAUBER –
BESINNLICHKEIT VOM FEINSTEN

Das königliche Spektakel im Blühenden Barock – vor allem für Romantiker, Verliebte und Poeten ein Highlight, das gesehen werden muss. Zehntausende Lichterbecher, die den sagenumwobenen Garten bei Dunkelheit in ein reines Lichtermeer verwandeln. Da erfreuen sich das Herz und die Augen zugleich.

Zuvor können Sie und Ihr Nachwuchs sich noch anderweitig begeistern lassen. Von Märchenerzählern bis hin zu gemeinsamen Bastelangeboten, handwerklichen Tätigkeiten und darüber hinaus – die Teile des Programms sind stets variabel. Nur eines ist sicher: Es wird abwechslungsreich und lichterfüllt.

Weitere Tipps

Nein, es ist lange noch nicht Schluss! Der Ort verführt mit vielen weiteren Möglichkeiten. Sehen Sie selbst!

WANDERN/SPAZIEREN

Faszinierende Landschaften der Barockstadt

Sie haben sich einen Spaziergang vorgenommen, sind sich aber nicht sicher, wo Sie dieses Vorhaben umsetzen sollen? Wie wäre es auf den Feldern Ludwigsburgs?

Die Teilorte Oßweil, Hoheneck, Poppenweiler,

Pflugfelden und Neckarweihingen sind perfekt für jeden, der einen Hang zur Natur hat und die Stille liebt. Besonders schön ist es hier im Sommer.

Einzelne Bänke laden ein, sich eine Pause vom Alltag zu nehmen und an der Umgebung zu erfreuen. Der Ortsteil Neckarweihingen reizt zudem mit seinen fröhlichen Weinbergen.

Das Neckarbiotop – ein Muss für Naturfans und Tierliebhaber!
Noch mehr Leben erwartet Sie im wortwörtlichen Sinne auf den Zugwiesen.

Das Neckarbiotop zählt zu den Naturschutzgebieten und umfasst rund 18 Hektar. Die Seele des Biotops misst circa 1,7 Kilometer Länge und bis zu 5 Meter Breite. Dabei handelt es sich um einen Bachlauf, der aufgrund der Entscheidung, die Poppenweiler Staustufe naturnah zu umgehen, entstanden ist.

Sie bekommen Gelegenheit, etliche Fische und viele weitere Lebewesen zu treffen. Kleine Seen und Buchten bieten nicht nur einen atemberaubenden Ausblick. Da sie auch als Laichplätze genutzt werden, können Sie an dieser Stelle außerdem junge Amphibien bewundern. Die Rundwanderung führt unter anderem durch einen Hangwald. Dort kommen die Kriechtiere im Winter unter. Auch zahlreiche prachtvolle Pflanzen, die in der Natur kaum mehr existieren, haben in dem Biotop ihre Heimat gefunden.

Der Beobachtungsturm »Storchennest« bereichert Ihren Ausflug durch einen exzellenten Blick auf das charmante Gebiet. Entdecken Sie dank der Vogelperspektive noch mehr seltene Tiere und Pflanzen, die die Landschaft beherbergt.

Sind Sie an weiteren Geheimnissen interessiert, nehmen Sie an den regelmäßigen öffentlichen Führungen der Zugwiesen-Guides teil.

Eines ist unumstritten: Wer sich einmal in dieses brillante Terrain begibt, möchte immer wieder zurückkehren.

SO LÄSST SICH DER TAG NOCH VERBRINGEN

Minigolf

Für jeden Fan unentbehrlich: die Minigolfanlage Ludwigsburg! Billige Preise und pures Spielevergnügen auf fast 20 Bahnen, nur ca. 100 Meter vom Monrepos entfernt.

Im dazugehörigen Kiosk können Sie sich mit

warmen und kalten Speisen sowie Getränken stärken. Sitzplätze und Toiletten sind verfügbar. Auch an Parkplätze wurde gedacht.

Adresse:
Minigolfanlage Monrepos
Monreposstraße 101
71634 Ludwigsburg

Bärenwiese
Der riesige Park lädt gegenüber des Blühenden Barocks mit seiner ausgedehnten Grünfläche zum Entspannen und Spazieren ein. Zahlreiche Bänke stellen rund um das Gelände Schattenplätze zur Verfügung. Eine Tischtennisplatte bringt allen Altersklassen Spaß. Den Kleinsten dient ein großer Spielplatz mit Klettergerüsten, Schaukeln, einem Sandkasten und vielen weiteren Attraktionen, von denen sogar Erwachsene nicht selten fasziniert sind. Im Sommer ist der Park vor allem bei Jugend-Cliquen sehr beliebt, die dort gemütlich zusammensitzen. Bei sonnigem Wetter kann zum Bräunen auf der Wiese keiner nein sagen. Verliebte Pärchen, die die Aussicht genießen und picknicken, fühlen sich hier genauso wohl wie Singles. Ein Eiswagen, der sich an heißen Tagen ab

und an sehen lässt, perfektioniert den Ausflug. Natürlich ist es auch eine gute Idee, Speisen und Getränke aus der Stadt hier zu genießen.

Frei- und Schwimmbäder

Das Stadionbad

Ob Sommer, Herbst, Frühling oder Winter: Das Freizeitbad hat jeden Monat und unabhängig des Wetters für Sie geöffnet. Ein Nichtschwimmer-, Sport- und Außenbecken werden Ihnen geboten.

Für Familien mit kleinen Kindern ist der Eltern-Kind-Bereich von Vorteil.

Damit Sie es angenehm haben, beträgt das Wasser im Nichtschwimmer- und Außenbecken stolze 30 Grad. Nicht viel kälter ist es im Sportbecken bei 27 Grad. Für die Jüngsten ist das Wasser mit 33 Grad extra warm temperiert.

Eine über 100 Meter lange Wasserrutsche sorgt für Spaß.

Das i-Tüpfelchen des Außenbereichs, der das ganze Jahr über geöffnet ist, bilden der Strömungskanal und Whirlpool.

Auf den Liegewiesen können Sie es sich im Sommer gemütlich machen.

So richtig ausspannen lässt es sich in der Saunalandschaft auf 3 Ebenen. Verwöhnen Sie sich in den integrierten Wellness-Oasen und stillen Sie Ihren Hunger im Sauna-Bistro.

Wie wäre es außerdem mit einer Massage?

Relaxen ist nicht so Ihr Ding? Dann powern Sie sich an den Tischtennisplatten in der Nähe der Liegewiese aus.

Sie wollen mal wieder ins Schwitzen geraten, fühlen sich in der Sauna aber nicht wohl?

Dann besuchen Sie doch das Dampfbad, das nebenbei herrliches Aroma verströmt.

Im Herbst und Winter finden im Stadionbad Wasserspiele statt, bei denen Sie gerne zusehen dürfen.

Verbringen Sie den Geburtstag gemeinsam mit Ihrem schwimmbegeisterten Sprössling in Ludwigsburg? Dann wird er sicher begeistert über das Kindergeburtstags-Erlebnispaket sein. Freier Eintritt, ein Geschenk und ein vom SWLB-Team gestalteter Geburtstagstisch – da bleiben die Worte weg.

Doch damit nicht genug: Aus einer breiten Palette an Programmangeboten, zum Beispiel Springen, Basket- oder Volleyball, haben Sie die

Möglichkeit, sich für Ihren Nachwuchs 2 Angebote herauszusuchen. Ein Mitarbeiter des Stadionbades betreut das Kind währenddessen. Was will man mehr?! Vielleicht eine Partypizza und Getränke? Je nach Buchung bekommen Sie auch diesen Service inklusive mit dazu.

Adresse:
Stadionbad Ludwigsburg
Berliner Platz 1
71638 Ludwigsburg

Freibad Hoheneck
Spaß für die ganze Familie bietet Ihnen das Hohenecker Freibad, das direkt am Neckar liegt.

Mit 3 Becken, einer breiten Liegewiese, einem Basketballkorb und Beachvolleyballfeld kann es sich sehen lassen.

Dabei handelt es sich um ein Nichtschwimmer-, ein Sport- und Kinderbecken.

Bei allen haben Sie genug Raum für Ihren Badespaß. Als Nichtschwimmer stehen Ihnen ganze 800 Quadratmeter zur Verfügung. Das Sportbecken misst 21x50 Meter. Kinder können sich im 150 Quadratmeter großen Planschbecken austoben, das mit einem Sonnensegel überdacht ist. Den Jüngsten wird zudem ein Matsch-Spielplatz inklusive Spielschiff geboten.

Die Breitrutsche, die Fun für Jung und Alt garantiert, finden Sie im Nichtschwimmerbecken.

Bei der 2 Hektar großen Liegewiese kann sich keiner über fehlenden Platz beschweren. Meint es die Sonne zu gut, spenden Ihnen ausladende Bäume den wohlverdienten Schatten.

Nur unweit der Wiese befindet sich der Kiosk, der Sie mit einer großen Auswahl an Snacks und Getränken versorgt.

Als Smartphone-Liebhaber bekommen Sie obendrein die Möglichkeit, Ihr Handy über WeWatt per Pedes aufzuladen.

Natürlich sind auch ausreichend Umkleidekabinen und Spinde vorhanden.

Kommen Sie vorbei und überzeugen Sie sich selbst von den Angeboten des Hohenecker Freibades!

Adresse:

Freibad Hoheneck

Otto-Konz-Weg

71642 Ludwigsburg

Heilbad Hoheneck

Im selben Ort, ebenfalls direkt am Neckar, finden Sie die staatlich anerkannte Heilquelle.

Wenn Ihnen Ruhe, Entspannung und Ihre Gesundheit am Herzen liegen, sind Sie hier goldrichtig!

Neben allen Angeboten wirkt sich bereits das solehaltige Wasser positiv auf Ihr Wohlbefinden aus. Sind Sie über längere Zeit in Ludwigsburg und möchten aktiv sein, bietet sich die Teilnahme an den Aqua-Sportkursen an, die regelmäßig stattfinden.

Ein großzügiges Bewegungsbecken und ein Freibecken mit Blick auf die Parklandschaft werden Ihnen darüber hinaus geboten.

Wollen Sie mal wieder richtig ins Schwitzen kommen und gleichzeitig entspannen, besuchen Sie die Bio-Sauna oder Dampfgrotte.

Haben Sie Probleme mit den Atemwegen oder Lust, Meeresluft zu schnuppern, erfüllt Ihnen das Sole-Inhalatorium diesen Wunsch durch seine salzhaltige Luft.

Ihren Füßen könnten Sie auch mal wieder etwas gönnen? Dann wartet der Fußsohlenweg mit einer ausgiebigen Massageeinheit auf Sie!

Sehnsucht nach Urlaub und heißen Temperaturen? Dann bietet sich das Mediterraneum mit 34 Grad warmem Wasser an.

Möchten Sie einfach nur ausspannen, wird Sie der Ruheraum nicht enttäuschen. Er verfügt über Liegen mit Infrarotstrahlung und Tiefenwärme, die auch Ihren Gelenken zugutekommen.

Sie sehen: In diesem Heilbad sind für alle Wünsche und Bedürfnisse Angebote vorhanden. Es ist eine Quelle der Ruhe, Gesundheit, aber auch der Aktivität.

Adresse:

Heilbad Hoheneck

Uferstraße 50

71642 Ludwigsburg

Telefon: 07141 910-2312

Kino

Ist es draußen kalt und regnerisch, kommt ein Tag im Kino wie gerufen. Die Barockstadt glänzt gleich mit mehreren Optionen. Besonders beliebt und bekannt ist das Central + Union Theater.

Central + Union Theater

Mitten in der Innenstadt und damit sehr zentral gelegen ist das Central + Union Kino. Dabei handelt es sich um zwei einzelne Häuser, die zusammengehören und nur unweit voneinander entfernt sind. Verlassen Sie sich darauf, dass Sie sich alle aktuellen Filme hier ansehen können! Im Central Kino bekommen Sie auf 3 Ebenen Kinosäle geboten. Das Union ist mit einer Etage kleiner, aber deshalb nicht weniger empfehlenswert. Frisches Popcorn in verschiedenen Größen, Haribos, Chips, Nachos und Softgetränke stehen in beiden Gebäuden zur Auswahl.

Tickets können Sie online oder am Telefon reservieren. Auch das direkte Lösen am Schalter ist möglich.

Adresse:
Central Theater
Arsenalstraße 4
71638 Ludwigsburg

Union Theater

Solitudestraße 6

71638 Ludwigsburg

Reservierungshotline: 07141 934545

Nachtleben in Ludwigsburg

Die Nacht zum Tag machen? Kein Problem in der Barockstadt! Discotheken, Clubs und Bars sorgen für gute Laune. Zur besten Auswahl gehören:

DISCOTHEKEN/CLUBS

Ars Vivendi

Direkt hinter dem Ludwigsburger Bahnhof liegt der beliebte Tanzclub Ars Vivendi. Mit verschiedenen Events wie Ü30-, Single- und Silvesterpartys, der VIVALA Party und der Fox & Dancing-Night ist Abwechslung im Club garantiert.

Letztere findet jeden Donnerstag ab 21:00 Uhr statt. Bei Disco Foxtrott und den modernsten Dance-Chart-Hits können Sie mal so richtig abrocken. Der Tanzstil, der circa alle 30 Minuten wechselt, gibt Ihnen die Möglichkeit, zwischendurch auszuspannen und wieder zu Puste zu kommen.

Von Langeweile kann in dieser Zeit dennoch keine Rede sein, denn House, Black, Latino und andere Bereiche aus den angesagtesten Dance-Charts bereichern Ihr Gehör. Frauen erhalten zudem Getränkegutscheine. Die *VIVALA Party* sorgt immer freitags ab 21:00 Uhr auf 3 Floors für Spaß. Dabei wechseln sich die besten DJs jede Woche ab.

Ein Mix aus den 80ern und 90ern sowie Sensual und Salsa entführen Sie ins Land der Stimmung.

Bereits ab 19:00 Uhr bietet Ihnen die LDC Kurse an, damit Sie auf der Tanzfläche so richtig Gas geben können! Wünschen Sie einen Tanz mit Ihrem Partner/Ihrer Partnerin, ist der FOX wie dafür gemacht. Solo und Freestyle lässt es sich gut auf House/Black tanzen.

Angetan? Dann lassen Sie nicht lange auf sich warten.

Adresse:

Ars Vivendi Dance Club

Wilhelm-Bleyle-Straße 7-9

71636 Ludwigsburg

Telefon: 07141 2991791

Waldhaus

Der neuzeitliche Club besticht mit seiner eleganten Theke aus Holz und Discokugeln.

Die Auswahl der Musik reicht von Hip-Hop bis hin zu den aktuellen Charts, die auf den Mottopartys gespielt werden.

Regelmäßige Veranstaltungen wie die Classic Rock Night mit Hits aus den 70ern, 80ern und 90ern sowie Wave Classics, Casual, 00er-, 10er-, 90er Partys und vielem mehr, bieten für jeden Geschmack das Richtige. Auch die Anwesenheit und das Aufeinandertreffen der Generationen ist damit garantiert.

Was das Waldhaus des Weiteren von den meisten anderen Diskotheken unterscheidet ist, dass Lässigkeit hier großgeschrieben wird. In welchem Style Sie im Club erscheinen bleibt Ihnen überlassen. Ausschließlich Jogginghosen gelten als Tabu.

Adresse:
Waldhaus Ludwigsburg
Im Osterholz 2
71679 Ludwigsburg/Asperg
Email: kontakt@waldhaus-club.de

Pussycat Club
Gemütlich ausspannen oder so richtig abfeiern – in diesem Club ist beides möglich!

In den Lounge-Bereichen lässt es sich bestens relaxen, während auf dem Dancefloor die Fete steigt. Ein besonderes Flair verleiht die gewölbeartige Decke. Die Beleuchtung versetzt Sie in festliche Stimmung und lädt gleichzeitig zum Entspannen ein. Regelmäßige Events wie 80er und 90er-Partys, das ILR (Ludwigsburg liebt Latinbeats) und die HotBox erwarten Sie.

Adresse:

Pussycat Club

Pflugfelder Straße 12

71636 Ludwigsburg

Telefon: 0157 58999686

BARS

CHAPLIN`S BAR

Chaplin-Fans aufgepasst! Diesem mehr als 300 Jahre alten Gewölbekeller hätte auch Charlie nicht widerstehen können. Schließlich ist es nicht nur das urige Ambiente, das begeistert. An der breiten Theke im Nichtraucherbereich werden auch die besten Filme gespielt, bei denen der legendäre Künstler mitgespielt oder mitgewirkt hat. Jazz, Soul, Funk und feinster Blues verleihen den letzten Schliff.

Eine große Auswahl von über 100 Whiskeysorten und klassischen sowie ausgefallenen Cocktails macht den Abend perfekt. Auch von einer breiten Auslese verschiedener Gin-Sorten dürfen Sie zehren.

Auf besondere Abende wird mit Sekt & Champagner angestoßen.

Der Raucherbereich mit seiner Palette an verschiedenen Zigarren ermöglicht es Ihnen, sich dem populären Schöpfer noch näher zu fühlen.

Es ist ganz klar: Charlie hätte nicht genug bekommen – doch das gilt nicht nur für ihn! Kommen Sie vorbei und überzeugen Sie sich selbst.

Adresse:

Chaplins Bar

Schlossstraße 17

71634 Ludwigsburg

Sportcafé Markthalle

Der Treffpunkt für alle Billardfans! 17 Brunswick 9 Fuß Turniertische warten nur darauf, bespielt zu werden. Ist Ihnen das nicht genug, dürfen Sie sich an dem 12 Fuß Premium-Billardtisch über die Herausforderung Snooker freuen.

Wer Dart mag, kommt mit den 8 Löwen-Dartautomaten nicht zu kurz.

Am Ende der Markthalle finden Sie einen Tischkicker.

Lässige und allen voran moderne Musik begleitet Sie während Ihrer Partie.

Doch die Markthalle überzeugt nicht nur mit bereits genannten Optionen.

Eine große Auswahl an leckerem Essen ist

außerdem gegeben.

Von Nachos über Hamburger bis zum Schnitzel mit Pommes – alle Geschmäcker werden bedient.

Was das Sportcafé auch besonders macht ist, dass es neben den Standardgetränken eine riesige Auswahl an alkoholhaltigen und -freien Cocktails gibt.

Sie können nicht ohne Fußball? Dann sind Sie im Sportcafé herzlich willkommen! Regelmäßige Live-Übertragungen an einer Großbildleinwand zählen zum Repertoire.

Raucher wurden nicht vergessen: Um Ihre Ziga-rette zu genießen, brauchen Sie nicht vor der Türe zu frieren. Dafür steht Ihnen ein Extraraum zur Ver-fügung.

Auf ganz gemütlichem Weg bezahlen – das ist im Sportcafé möglich! Am Eingang erhalten Sie eine Karte, auf der Ihre Bestellungen aufgenommen wer-den. Die Zahlung steht erst am Ende Ihres Besuchs an selbigem Punkt an. Interessieren Sie sich für die Höhe Ihres aktuellen Betrags, befinden sich im Ge-bäude Automaten, mit deren Hilfe Sie den Stand ein-sehen können. Dafür benötigen Sie nur Ihre Karte.

Besonders am Wochenende ist die Halle abends gut besucht – eine Reservierung lohnt sich also!

Ob Sie einen Geburtstag feiern, auf das Wochenende anstoßen oder den Abend gemütlich mit Freunden ausklingen lassen wollen: Das Sportcafé ist immer eine gute Idee!

Adresse:

Sportcafé Markthalle

Martin-Luther-Straße 36

71636 Ludwigsburg

Oops

Vergleichbar mit der Markthalle ist das Oops, das nur ein paar hundert Meter vom Breuningerland entfernt ist. Rote Diner-Bänke, Poker und Billardspiele, leckeres Essen und Fußballübertragungen mit Cocktails und Burgern – vor allem die jüngere Generation fühlt sich hier rundum wohl.

Auch für Geburtstagsfeiern eine gute Idee.

Adresse:

American Restaurant OOPS

Maybachstraße 6

71634 Ludwigsburg

Shopping in Ludwigsburg

Im Bummel-Fieber? Die Barockstadt bietet Ihnen neben unzähligen Attraktionen und Sehenswürdigkeiten auch eine Menge Einkaufsmöglichkeiten. In der langen Fußgängerzone finden Sie Geschäfte für jeden Bedarf und Geschmack. Am herausragendsten sind die Wilhelm-Galerie und das Marstall-Center.

Die Wilhelm-Galerie

Das Einkaufscenter, das unter Denkmalschutz steht, lockt auf zwei hellen Ebenen mit einem Drogerie- und Supermarkt sowie Klamottenläden für Groß und Klein. Dazu zählen unter anderem C&A, New Yorker sowie H&M.

Auch eine Apotheke, der Rewe Markt und ein Tabakladen sind in der Galerie vorhanden.

Sie müssen mal eben zur Bank? Nicht nötig, dafür dient ein Geldautomat der Kreissparkasse mitten im Shoppingcenter.

Im DHL-Shop haben Sie die Möglichkeit, Briefe und Pakete zu versenden.

Cafés, Bäckereien und ein Friseur warten auf Ihren Besuch.

Praktisch sind der Aufzug und das riesige Parkhaus, das zur Galerie gehört.

Adresse:

Wilhelm-Galerie Ludwigsburg

Wilhelmstraße 26

71638 Ludwigsburg

Marstall-Center

Noch mehr bekommen Sie im Marstall-Center auf über 25.700 Quadratmetern. Dabei büßt es nur wenige Einkaufsmöglichkeiten der Wilhelm-Galerie ein. Neben etlichen weiteren Kleidungs- und Schuhgeschäften finden technikbegeisterte hier auch den SATURN und hungrige Gäste eine große Auswahl an Gastronomie vor. Sparfüchse sind beim Besuch des 1-Euro-Shops TEDi und des Nanu Nana gut beraten.

Wer nicht mehr genug Bargeld in der Tasche hat, darf auch hier zufrieden sein:

Ein Automat der ING-DIBA, der Volksbank und der Kreissparkasse befinden sich im Center.

Das Gebäude wurde 2015 nach einer kompletten Umstrukturierung neu eröffnet.

Mit 650 Stellplätzen, die Ihnen 24 Stunden am Tag zur Verfügung stehen, müssen Sie sich um das Parken keine Gedanken machen.

Adresse:

Marstall Ludwigsburg

Marstallstraße

71634 Ludwigsburg

Breuningerland

Auch neben den Angeboten der Innenstadt gehen Sie in Ludwigsburg nicht leer aus. Dafür sorgt zum Beispiel das Breuningerland!

Pures Einkaufsvergnügen auf 3 lichtdurchfluteten Ebenen erwartet Sie.

Ob Kleidungs- oder Drogeriegeschäfte, Buchhandlungen, Optiker, Juweliere, der MediaMarkt und vieles mehr: Über fehlende Auswahl kann sich bei den insgesamt 120 Shops keiner beklagen!

Darunter wird auch an Ihren Hunger gedacht: Restaurants, Bäckereien und die Nordsee versorgen Sie mit besten Speisen. Sogar eine Metzgerei gibt es im Gebäude.

Kaffeefans sollten sich Starbucks nicht entgehen lassen.

Wer seiner Gesundheit etwas Gutes tun will, für den stehen Reformhäuser, die Tee- und Kräutergalerie sowie eine Apotheke bereit.

Schreibwaren finden sie im McPaper.

Sie planen einen Urlaub? Dann besuchen Sie doch das ADAC Reisebüro.

Damit Sie bei all den Angeboten finanziell nicht ins Straucheln geraten, werden Ihnen ein

Geldautomat der Volksbank und der Reisebank geboten.

Einen wahren Luxus für Autofahrer stellen die mehr als 3000 Parkplätze dar, die zudem kostenfrei sind. Auch mit einer Tankstelle, die sich direkt neben dem Breuningerland befindet, wird an Ihren Wagen gedacht.

Sie lieben Fast Food? Nur wenige Schritte vom Einkaufscenter entfernt finden Sie einen Burger King und einen McDonald´s mit Außenspielbereich für die Kleinsten.

Ebenso ist das Breuningerland mit öffentlichen Verkehrsmitteln bestens zu erreichen. Direkt vor dem Gebäude fahren etliche Busse an und ab.

Adresse Breuningerland:

Breuningerland Ludwigsburg

Heinkelstraße 1

71634 Ludwigsburg

Restaurants in Ludwigsburg

Ob ausgefallen oder klassisch, national oder kulinarisch – lecker ist es in den folgenden Lokalen auf jeden Fall!

La Signora Moro – italienische Küche mit Herz

Erleben Sie ein kleines Stück Italien mitten in Deutschland! Direkt am Marktplatz bietet Ihnen die Familie Moro Hochgenuss feinster Art. Beinahe alle italienischen Speisen und Delikatessen sind in diesem Restaurant vorhanden. Zu den Köstlichkeiten

genießen Sie am besten ein Glas Wein. Sie haben die Wahl zwischen Aperitif-Spezialitäten bis hin zu Rosato, Rosso und Bianco. Selbstverständlich stehen Ihnen überall mehrere Sorten zur Verfügung. Die Besucher sind in der Regel rundum zufrieden. Die Speisen, die ein Gaumenschmaus für jedermann sind, lassen nach der Bestellung nicht lange auf sich warten. Das harmonische Ambiente, die durchgehende Küche und der freundliche Service runden das perfekte Bild ab.

Adresse:

La Signora Moro

Marktplatz 9

71634 Ludwigsburg

Telefon: 07141 90 17 91

Poseidon – griechische Köstlichkeiten feinster Art

Essen Sie gerne griechisch, sollten Sie mehr als nur einen Blick in das Eglosheimer Poseidon werfen.

Der Familienbetrieb verwöhnt bereits seit mehr als zwei Jahrzehnten mit originalen griechischen Gerichten aus frischen Zutaten. Ob Häppchen für den kleinen Hunger oder aufwendige Menüs für Esslustige – Sie werden nicht enttäuscht. Bei warmen

Temperaturen lockt der geschützte, aber dennoch sonnige Außenbereich. Dort lässt sich der Abend gemütlich mit einem Longdrink aushalten. Planen Sie eine Feier, sind Sie im Poseidon ebenfalls herzlich willkommen.

Das Hotel-Restaurant gilt mit seinen Einzel- und Doppelzimmern auch als beliebte Unterkunft.

Adresse:
Hotel-Restaurant Poseidon
August-Bebel-Straße 1
71634 Ludwigsburg
Telefon: 07141 32264

Il Boccone – hier sind glutenfreie Speisen bekannt
Das Restaurant in der Fußgängerzone strahlt Offenheit und Behaglichkeit aus. Ob Sie es klassisch oder etwas ausgefallener mögen – das Il Boccone ist die richtige Wahl. Abwechslung und besondere Ideen werden hier großgeschrieben. Geschätzt wird das Restaurant vor allem auch von Menschen, die auf glutenhaltige Mahlzeiten verzichten müssen oder wollen. Für einen kleinen Aufpreis bekommen Sie unter anderem sämtliche Pasta-Gerichte und Pizzen serviert, die keinen Klebereiweiß enthalten. Große

Portionen sind in allen Fällen selbstverständlich.

Das Ambiente mit weißen Tischdecken, Blumen und Kerzen verspricht Besinnlichkeit und Gemütlichkeit.

Da das Lokal stets gut besucht ist, empfiehlt es sich vorab einen Platz zu reservieren.

Adresse:

Il Boccone

Kirchstraße 19a

71634 Ludwigsburg

Telefon: 07141 92 33 66

Hotel Krauthof – schwäbisch, köstlich, freundlich

Mit 5 Bereichen, die Platz für über 380 Gäste bieten, ist das Restaurant im Hotel Krauthof bei Hoheneck nicht nur geräumig. Schwärmen Sie für schwäbisches Essen, dann treten Sie ein und gönnen Sie Ihrem Gaumen diesen Genuss! Denn hier ist es selbstverständlich, die Mahlzeiten mit Liebe und die meisten gleichzeitig in feinster Handarbeit zuzubereiten. Dass sich das positiv auf den Geschmack auswirkt, ist kein Geheimnis.

Das Ambiente im Gasthof wirkt durch den charmanten Kachelofen gleich doppelt so behaglich.

Im hellen Wintergarten vermittelt ein offener Kamin Gemütlichkeit.

Bei schönem Wetter haben Sie die Wahl zwischen dem ausgedehnten Biergarten, der Terrasse oder sogar einer Sonnenterrasse, die im Jahr 2011 erbaut wurde.

Ein vertrauter und freundlicher Umgang ist den Mitarbeitern des Krauthofs wichtig. Deshalb steht Peter Kraut, der Chef persönlich, jeden Tag aufs Neue für Sie vor der Zapfanlage und empfängt Sie aufmerksam.

Adresse:
Hotel Krauthof
Beihinger Straße 27
71642 Ludwigsburg
Telefon: 07141 50880

Wie viel Geld brauchen Sie am Tag?

D ies hängt natürlich stark davon ab, welche Wünsche Sie haben.

Grundsätzlich lässt sich sagen, dass die meisten Angebote im Ort relativ preiswert sind.

Ein entscheidender Faktor ist die Frage, ob Sie gerne in Restaurants essen gehen.

Ist das täglich der Fall und möchten Sie auch die Auswahl der Attraktionen und Angebote in

Ludwigsburg in vollem Umfang genießen, sollten Sie als Einzelperson geschätzt 60-80 Euro am Tag einplanen.

Sind Sie mit Ihrem Nachwuchs zu Besuch, haben Sie den Vorteil von sämtlichen Familienrabatten und Vergünstigungen. Pro Kind empfiehlt sich zusätzlich ca. 50 Euro pro Tag einzuplanen. Dazu zählt auch das Essen im Restaurant.

Ist es Ihnen kein Bedürfnis, außerhalb zu essen und sind Sie allgemein gerne preiswert unterwegs, können Sie im Idealfall an manchen Tagen sogar kostenfrei davonkommen.

Ansonsten ist es durchaus möglich, mit ungefähr 25 Euro einen schönen Tag als Einzelperson zu verbringen. Mit einem Kind planen Sie für sich beide am besten 40-50 Euro ein, wenn Sie den Wunsch haben, möglichst günstig zu leben.

Eventuelle Kosten für Shoppingtouren und die Unterkunft kommen nochmals extra hinzu.

TIPPS FÜR DEN KLEINEN GELDBEUTEL

Haben Sie nur ein kleines Budget zur Verfügung, lässt sich, wie Sie eben erfahren haben, auch damit etwas erleben, ohne großen Verzicht zu üben.

Stellt es für Sie kein Problem dar, ist die Jugendherberge als preiswerte Unterkunft sehr zu empfehlen. Darüber hinaus existieren natürlich etliche weitere Übernachtungsmöglichkeiten, die auch nicht zu preisintensiv sind.

Auf der Seite **https://www.preiswert-uebernachten.de/hotel-pensionen/ludwigsburg/4104** finden Sie viele günstige Optionen inner- und außerhalb der Barockstadt.

Doch wie lässt sich der Tag abgesehen von der Unterkunft preiswert verbringen?

Hier gibt es eine Menge Möglichkeiten.

Bei **gutem Wetter** können Sie völlig kostenfrei über den Favoritepark, das Neckarbiotop, die Felder, Weinberge oder die Bärenwiese spazieren.

Möchten Sie aktiv sein, bietet sich die Minigolf-

Anlage am Monrepos perfekt für ein kleines Budget an.

Eine weitere Idee ist es, bei einem Getränk in den zahlreichen Cafés die Atmosphäre des Marktplatzes zu genießen.

Können Sie Eis nicht widerstehen, setzen Sie sich in eines der Eiscafés, die in der Barockstadt in Hülle und Fülle zu finden sind.

Sind Sie eine Wasserratte, ist das Hohenecker Freibad eine gute Gelegenheit.

Bei **kaltem oder regnerischem Wetter** schauen Sie sich ein Museum an, das Sie nur wenige Euro kostet.

Auch der Besuch im Kino ist relativ preiswert.

Dutzende Gaststätten, Kneipen und Bars hat Ihnen der Ort außerdem zu bieten.

Kommen wir noch zu der Frage, wo Sie günstig essen können:

Für Fastfood-Fans bietet sich der McDonald`s am Breuningerland, in der Innenstadt oder Burger King an. Letzteren finden Sie in der Schwieberdinger Straße oder ebenfalls am Breuningerland.

Im Marstall-Center stehen ein Subway und viele weitere Speiseoptionen für den kleinen Geldbeutel zur Auswahl.

Auch mit der Salatbar in der Asperger Straße 4 sind Sie bei kleinem Budget gut beraten.

Eine Stadt für Jung und Alt

Glückwunsch! Sie haben es bis hierherge-schafft. So konnte der Reiseführer bei Ihnen hoffentlich einen bleibenden Eindruck über die Barockstadt hinterlassen. Wie Sie bemerkt haben, wird es in dem Ort nie langweilig. Geboten ist immer etwas, doch es finden sich auch viele Plätze, an denen es sich ausspannen lässt. Egal, welcher Altersklasse Sie angehören und wonach Sie sich sehnen: Ludwigsburg erfüllt alle Bedürfnisse! Ob für Jung oder Alt, den großen oder kleinen Geldbeutel,

Historik-Fans oder Partypeople – hier kommt keiner zu kurz! Worauf warten Sie noch? Buchen Sie Ihre Unterkunft und überzeugen Sie sich mit eigenen Augen.

Packliste

Geld & Finanzen

O (evtl.) Auslandswährung
O Bargeld
O Bauchtasche
O Brustbeutel
O Bauchtasche
O EC-Karte
O Kreditkarte
O Notfall-Telefonnummern der Banken
O Portmonee

Hygiene

O Haarbürste / Kamm
O Deo (klein)
O Shampoo
O Kulturtasche
O Sonnencreme
O Taschentücher

O Reise-Zahnbürste und Zahnpasta

O Verhütungsmittel

Kleidung

O Badeklamotten

O Gürtel

O Hosen kurz / lang

O Mütze / Cap / Hut

O Pullover

O Regenjacke

O Schlafanzug

O Socken

O Sonnenbrille

O Sportklamotten / Jogginghose

O T-Shirts

O Unterwäsche

Medikamente

O Blasenpflaster

O Anti-Durchfalltabletten

O Erste-Hilfe-Set

O Fiebertabletten
O Fiebertabletten
O Mückenschutz
O sonstige Medikamente
O Pflaster
O Kopfschmerztabletten

Unterlagen & Papiere

O ADAC Unterlagen
O Adresslisten für Postkarten
O Krankversicherungsnachweis
O Stadtplan
O Führerschein
O Unterlagen für die Unterkunft
O Wasserdichte Hülle für Reiseunterlagen
O Impfausweis
O Mietwagenunterlagen
O Personalausweis
O Reisepass
O Reisetagebuch
O evtl. Studentenausweis

O evtl. Visum
O Zug- / Bahn- / Flugticket

Taschen & Rucksäcke

O Koffer / Trolley / Reisetasche
O Regenhülle für Rucksack
O Rucksack

Schuhe

O Badeschlappen / Hausschuhe
O Schuhe und Wechselschuhe

Sonstiges

O Brille / Kontaktlinsen und Etui
O Buch zum Lesen
O Ohrenstöpsel und Schlafmaske
O Regenschirm
O Reisedecke
O Wasserflasche
O Wörterbuch

Elektronik

O Digitalkamera
O Handy
O Ladekabel
O Kopfhörer
O evtl. Steckdosenadapter
O Power-Bank

Herstellung und Verlag:
BoD – Books on Demand, Norderstedt
ISBN: 9783752898156

© Hanna Tempel 2020
1. Auflage
Kontakt: Psiana eCom UG/ Berumer Str. 44/ 26844 Jemgum
Covergestaltung: Fenna Larsson
Coverfoto: depositphotos.com

FSC
www.fsc.org

MIX

Papier aus ver-
antwortungsvollen
Quellen
Paper from
responsible sources

FSC® C105338